Le grandi città dell'architettura

SOLFERINO I LIBRI DEL CORRIERE DELLA SERA

Berlino

POLITECNICO
MILANO 1863

SOLFERINO

ABITARE

ℂ𝕊

SOLFERINO
I LIBRI DEL CORRIERE DELLA SERA

www.solferinolibri.it

LE GRANDI CITTÀ DELL'ARCHITETTURA

BERLINO

«CI TROVAMMO DI FRONTE UN EDIFICIO IL CUI
SIMBOLISMO MUTILATO AVEVA POCO SIGNIFICATO
PER I TEDESCHI CONTEMPORANEI. L'APPROCCIO PIÙ
SEMPLICE SAREBBE STATO QUELLO DI SVENTRARE
IL REICHSTAG E INSERIRE UN MODERNO EDIFICIO
AL POSTO DEL TESSUTO ESISTENTE. MA PIÙ
APPROFONDIVAMO LA CONOSCENZA DELL'EDIFICIO,
PIÙ CI RENDEVAMO CONTO CHE LA STORIA
RISUONAVA ANCORA IN MODO POTENTE AL SUO
INTERNO E CHE NON POTEVAMO ELIMINARLO.»
Norman Foster

BERLINO, TRA MEMORIA E SPERIMENTAZIONE

Michele Caja, Professore di Composizione architettonica e urbana, Politecnico di Milano

Non si sa se la memoria della città sia preservata nella forma della sua struttura urbana o in quella di alcuni suoi edifici. Sicuramente Berlino è la città che più di altre capitali europee resta in bilico tra futuro, presente e passato, in un continuo rimettersi in gioco secondo le possibili prefigurazioni in rapporto alla sua storia ma anche al suo destino. Non è un caso che Walter Benjamin, che ha ben narrato la sua infanzia berlinese, tanto ammirasse l'*Angelus Novus*, il quadro di Paul Klee, una figura proiettata verso il futuro, ma con *il viso rivolto al passato*. E che gli angeli volino costantemente *sopra Berlino*, quasi a controllarne dall'alto le sue trasformazioni, ce lo ricorda il celebre film di Wim Wenders.

A ben guardare, tutte le vicende della città, almeno a partire dal XX secolo, nascono dalla dialettica tra ricerca del nuovo e continuità con un passato spesso riconquistato attraverso la memoria. Si pensi, da un lato, ai concorsi e alle proposte delle avanguardie degli anni Venti che – come il grattacielo di Mies van der Rohe sulla Friedrichstraße – permangono ancora oggi come icone di un'architettura proiettata verso il futuro, per quanto radicata nel contesto storico; agli schemi alternativi di città con cui architetti come Hans Scharoun o Le Corbusier si prefiguravano, nel dopoguerra, di inserire le spoglie della città all'interno di un nuovo paesaggio urbano; fino a progetti recenti, nati dopo la riunificazione e in seguito a un vivace dibattito sul *domani* di Berlino – come il Museo Ebraico di Daniel Libeskind o il Memoriale dell'Olocausto di Peter Eisenman – la cui dirompente forza espressiva rappresenta la memoria di un'intera popolazione.

Ma si pensi anche, dall'altro lato, alla *ricostruzione critica* iniziata da Josef Paul Kleihues negli anni Settanta e poi proseguita da Hans Stimmann, che altro non è che la riconferma dell'impianto urbano della città storica consolidata e andata distrutta dagli eventi bellici: dal tracciato e dalla forma di strade e piazze alla struttura parcellizzata degli isolati, sino alla riproposizione di tipologie tradizionali di case urbane, di cui il progetto di Aldo Rossi per la Schützenstraße resta ancora oggi una significativa testimonianza di un rapporto possibile tra la città di ieri e quella di oggi. Questa stagione, dallo sguardo retroattivo, sembra oggi giunta a una fase di saturazione: quale sarà la nuova fase che seguirà, resta una questione aperta, che solo il tempo ci saprà rivelare.

L'ARCHITETTURA E LA MEMORIA: FRA PASSATO, PRESENTE E FUTURO

Daniel Libeskind

Berlino è una città moderna con un ricco patrimonio architettonico – vanta infatti opere di Schinkel e Mendelsohn, Mies van der Rohe e Scharoun, solo per citarne alcuni – che però è stato in un certo senso interrotto e spezzato dalla storia del Paese e dai drammi di cui è stato teatro. Eppure, non bastano edifici maestosi a fare grande una città e sono diversi i parametri di giudizio che entrano in gioco. Pensiamo anzitutto a come le persone abitano la città, se dispongono di servizi e spazi adeguati alle loro esigenze: insomma, si può dire che ci vivono bene? In questo senso, Berlino è già una grande città, anche se molto ancora si può fare per migliorarla.

L'ARCHITETTURA COME ESTETICA E COME ETICA

Il mio approccio all'architettura ha sempre guardato ogni luogo – e il suo potenziale avvenire – come unico e permeato da un'idea di vita. L'architettura e lo spazio fisico sono protagonisti nella ricostruzione di porzioni di città che sono state sfigurate da eventi tragici: penso per esempio a Ground Zero a New York o a Potsdamer Platz a Berlino. Sono la pietra di paragone della memoria, vivida e forte, senza la quale la storia non si potrebbe raccontare: gli eventi diventano essi stessi contenuto e richiedono un approccio differente. Quando progetto, mi interesso sempre non solo a ciò che si vede ma anche all'invisibile; non solo alla storia evidente, ma anche ai suoi dettagli nascosti. Non dimentichiamo che l'architettura riguarda sì l'estetica, ma anche l'etica: come vogliamo vivere le nostre esistenze e come vogliamo che vivano le generazioni future, nel legame imprescindibile tra passato, presente e futuro.

LA MEMORIA COME DIMENSIONE DELL'ARCHITETTURA

Il più robusto dei pilastri è per me la memoria: non può esistere in architettura una *tabula rasa*, ogni luogo ha un passato, un presente, un futuro.

Philharmonie Berlin, di Hans Scharoun

Il mestiere di architetto consiste in fondo nel riportare alla luce cosa è successo in un luogo ricordandolo e nel tramandarlo per l'avvenire in modo creativo e innovativo. Non trovo vi sia mai ragione di conflitto tra passato e futuro, tra preesistenza e progetto, nella consapevolezza che la nuova architettura dovrebbe affondare le proprie radici nel passato ed essere interpretata come uno slancio per l'avvenire.

La memoria è quindi la dimensione massima e sublime dell'architettura. Senza una memoria profonda il gesto architettonico diventa mero segno e non una realtà esistenziale, quale invece è. La memoria ha una propria forma e occorre integrare le sue risonanze simboliche nello spazio dell'incontro. Gran parte dell'architettura è pensata per essere orientata nello spazio ma, a mio avviso, in realtà è piuttosto orientata nel tempo e dal tempo, in quello che chiamiamo «Eterno».

Per molti versi, fare architettura significa raccontare una storia che continua in relazione con la città. Questa storia, fatta di materiali concreti, è impastata di emozioni e significati, desideri umani e sogni. Credo sia questa la ragione per cui guardo all'architettura non solo come a una disciplina della costruzione ma come *l'arte* stessa della memoria, capace di attrarre nella pietra e nel legno, nel vetro e nel cemento la storia del dramma umano, delle

Mossehaus, di Erich Mendelsohn

nostre ambizioni e dei nostri sogni. È qualcosa di viscerale, fisico, non astratto, perché l'architettura coinvolge tutti i sensi e il corpo stesso. Ecco perché la mano ne è parte essenziale, pur con tutti i computer più sofisticati e le tecnologie edilizie d'avanguardia di cui oggi disponiamo; all'inizio c'è e ci sarà sempre la mano dell'uomo, non può che essere così. E con essa un disegno, un'idea, vorrei dire un sogno. L'architettura non è semplicemente espressione del linguaggio della vista o delle proporzioni: lo spirito umano che la accompagna e la realizza si deve poter percepire con chiarezza entro un contesto culturale e storico accessibile a ciascuno, proprio perché ciascuno di noi sperimenta, lavora e

vive nell'architettura. Non possiamo ignorare né prescindere dalla memoria, che d'altro canto non paralizza e anzi dona consapevolezza vivificante a una città che deve muoversi. È stata questa dinamica a rendere Berlino la città creativa e innovativa che è oggi.

UN ESEMPIO: IL MUSEO EBRAICO

Sentivo nel profondo la necessità di trasmettere la memoria collettiva a quanti, per le ragioni più diverse, ne fossero privi. Credo fermamente che ogni buon edificio sia ben più di una bella costruzione: è una memoria, un sentimento, un messaggio al mondo.

Il Museo Ebraico progettato da Daniel Libeskind

Il Museo Ebraico che ho progettato cerca di coinvolgere i visitatori senza suscitare sentimentalismi né offrire risposte precostituite, creando invece – molto semplicemente – spazi di incontro, di memoria e di speranza. Calandosi nell'abisso provocato dall'annientamento degli ebrei e della loro cultura, s'immerge nella continuità della storia ebraico-tedesca e fonde il contesto visibile e quello intangibile di Berlino.

La peculiarità sostanziale del museo è probabilmente il vuoto, attorno al quale l'edificio si organizza in un senso, però, frammentario: non si può entrare nel vuoto, ma lo si può attraversare. È in fondo l'espressione architettonica di qualcosa che non siamo in grado di esprimere con una mostra, e nemmeno con il linguaggio. Al contrario di Heidegger e di altri filosofi secondo i quali il linguaggio è l'ultima casa del significato, ho pensato la casa solo come spazio in cui a rieccheggiare è l'assenza di continuità culturale a Berlino. Quello che volevo restituire alla gente era una memoria vera, non una memoria storica né tanto meno retorica: una memoria da sentire e di cui fare esperienza con autenticità.

Non ho previsto finestre convenzionali nel museo: gli spazi vengono illuminati da una luce speciale che penetra all'interno attraverso una rete invisibile di indirizzi, da tempo cancellati dalla topografia della città. Nell'eco dei passi dei visitatori che si rifrange nel vuoto si percepiscono frammenti di silenzio. E anche inattese risonanze musicali, a seconda delle condizioni acustiche particolari degli spazi museali come la Torre dell'Olocausto, il Vuoto della Memoria, i ponti e la Scala della Continuità. Un percorso individuale in cui rintracciare modi diversi di mettere in relazione Berlino con la storia ebraico-tedesca. La memoria così ricostruita è dinamica, perché orientata a trasformare i pensieri passati in una bussola che punta verso il presente e il futuro.

LA MIA CITTÀ DI DOMANI

La città del futuro, per come la vedo io, dovrebbe affrancarsi dalla demarcazione tra commerciale e culturale, popolare e sofisticato, alto e basso. Ogni città è necessariamente specchio della realtà storica complessa che va formandosi: sembra avere un ordine storico e nel contempo essere vittima di un caos imprevedibile. È teatro dell'ambivalenza, in qualche modo, e proprio perché produce e insieme consuma nuove idee, attraverso il suo progresso una città distrugge la tradizione e la continuità.

Non è un ideale utopico auspicare che le città del futuro sviluppino una partecipazione democratica appassionata; al contrario, il fatto che i cittadini possano partecipare direttamente al progetto dei propri spazi è una precondizione per creare un

avvenire ricco di significato in cui ciascuno può inseguire i propri sogni. Già Aristotele teorizzava una polis ideale in cui chi è alla guida conosce tutti i cittadini, e la dimensione umana non può perdersi se l'obiettivo è uno sviluppo equo.

Nell'era della globalizzazione, l'architettura ha avuto un grande impulso perché il pubblico, a prescin-

Sapphire, di Daniel Libeskind

dere dall'estrazione sociale, è coinvolto e anche molto più esperto. Non si tratta più, quindi, di un tema esclusivo per chi siede nella stanza dei bottoni. Inoltre, i maggiori centri metropolitani sono in competizione, una competizione globale e molto dinamica – è infatti evidente che quanto ha fatto grande una città cinquant'anni fa oggi non è più rilevante. I design contemporanei possono ispirare e imprimere una svolta innovativa in architettura per cambiare le vecchie nozioni progettuali, e creare nuovi quartieri e spazi iconici in grado di rivitalizzare le città nel mondo. Se riescono a radicarsi nella storia del luogo e nella cultura della sua gente, l'architettura e il design urbano possono creare esperienze umane sincere e uniche, economie solide, ecosistemi e comunità integrate nel tessuto esistente della città e capaci di vivificarlo. Muovendo dall'identità locale, l'architettura può generare luoghi originali dal carattere unico, specifico e competitivo.

Le grandi città che si sviluppano nel tempo diventano un riflesso dei sogni, dell'identità, delle ambizioni, delle convinzioni e delle speranze dei cittadini. L'architetto deve quindi guardare al futuro con un progetto audace e innovativo che adotti un approccio umano e culturale, di ampio respiro, allo sviluppo urbano. Il punto di partenza è sempre la prospettiva delle persone: la gente deve abitare bene la città. Nella mia visione, Berlino sarà una metropoli con un centro ad alta densità abitativa, e per essere sostenibile dovrà saper rispondere alla crescente esigenza di alloggi per famiglie e giovani senza imporre costi inarrivabili. Proprio come le istituzioni culturali devono creare profitto per poter fiorire, così le imprese commerciali necessitano di una coscienza culturale per riuscire. Un intreccio di pubblico e privato non può che essere una condizione positiva per l'evolversi della città. Progetto, destinazione d'uso, piani catastali, trasporti: tutto va ripensato e ridefinito per realizzare l'autentica rinascita dell'abitare in città. Progettare non può più essere slegato da un disegno architettonico che tenga conto del contesto, come l'astratto non si può scindere dal concreto. Il tema non è fin dove un edificio possa spingersi in altezza, ma dove vogliamo porre la meta dell'aspirazione umana.

Dettaglio della facciata

«C'È UN MOTIVO PER CUI SI PREFERISCE BERLINO
AD ALTRE CITTÀ: PERCHÉ È IN COSTANTE
EVOLUZIONE. CIÒ CHE OGGI NON FUNZIONA PUÒ
ESSERE MIGLIORATO DOMANI. IO E I MIEI AMICI
AUGURIAMO A QUESTA GRANDE E VIVACE CITTÀ
CHE LA SUA INTELLIGENZA, IL SUO CORAGGIO
E LA SUA CATTIVA MEMORIA, IN PRATICA CHE
LE SUE CARATTERISTICHE PIÙ RIVOLUZIONARIE
RIMANGANO IN VITA.»

Bertolt Brecht

PROGETTI
DI RIFERIMENTO

MOSSEHAUS

DI *Erich Mendelsohn* | **DOVE** *Schützenstraße 18-25* | **DATA** *1921-1923*

L'edificio in pietra del 1903 di proprietà dell'editore Rudolf Mosse, situato nel cuore dello storico quartiere in cui hanno posto la propria sede diverse redazioni dei giornali di Berlino, viene ristrutturato e ampliato su progetto di Erich Mendelsohn: si sviluppa rispetto alla preesistenza con un innesto sulla parte ad angolo e attraverso l'addizione di nuovi piani. Il linguaggio dell'estensione progettata è differente da quello del corpo di fabbrica originario, come precisa volontà di frattura: grandi finestre orizzontali inquadrate nei setti in cemento armato rendono gli interni luminosi e spaziosi. L'angolo si articola in una struttura arrotondata di otto piani, ed esprime un accentuato dinamismo grazie all'estensione nei due piani aggiunti sui fianchi e al profilo arcuato di un grande cornicione che evidenzia il nuovo ingresso.

WOGA-KOMPLEX

DI *Erich Mendelsohn* | **DOVE** *Lehniner Platz* | **DATA** *1925-1931*

Il complesso edilizio polifunzionale WOGA-Komplex, oggi sotto tutela, occupa un lotto di forma romboidale nel distretto Wilmersdorf e si compone di quattro unità edilizie che si relazionano tra di loro dal punto di vista sia formale sia funzionale, mentre del progetto originario che prevedeva una lunga via commerciale resta solo la parte iniziale che si presenta come una corte. Rispetto al disegno originale, sono stati realizzati solo il cinema Universum-Kino, il ristorante Café Astor con una galleria di piccoli negozi, l'Apartment-Hotel e la parte residenziale divisa in due lunghi corpi in linea, oltre che i blocchi con i locali pubblici. La conformazione curvilinea delle sezioni pubbliche si inserisce nel contesto circostante, a prevalente andamento lineare, introducendovi un elemento di rottura.

LE CORBUSIERHAUS
UNITÉ D'HABITATION

DI *Le Corbusier* | **DOVE** *Flatowallee 16* | **DATA** *1956-1958*

All'Internationale Bauausstellung del 1957, la Mostra internazionale dell'edilizia, Le Corbusier porta nella capitale tedesca il proprio modello di Unité d'Habitation. La costruzione viene realizzata sulla Collina Olimpica, dietro l'Olympiastadion, ai margini del bosco di Grunewald nel distretto Charlottenburg-Wilmersdorf, prendendo il nome di Le Corbusierhaus. Alto 53 metri e lungo 141, l'edificio comprende 530 appartamenti con moduli variabili da una a cinque stanze. Dieci «strade interne» consentono l'accesso al sistema degli alloggi. Nel 1979 tutte le unità abitative vengono convertite in appartamenti di proprietà, dotati di quella serie di servizi comuni che per il «vivere contemporaneo» teorizzato dall'architetto svizzero sono essenziali, tra i quali una lavanderia, una sala condominiale, e alcuni spazi commerciali.

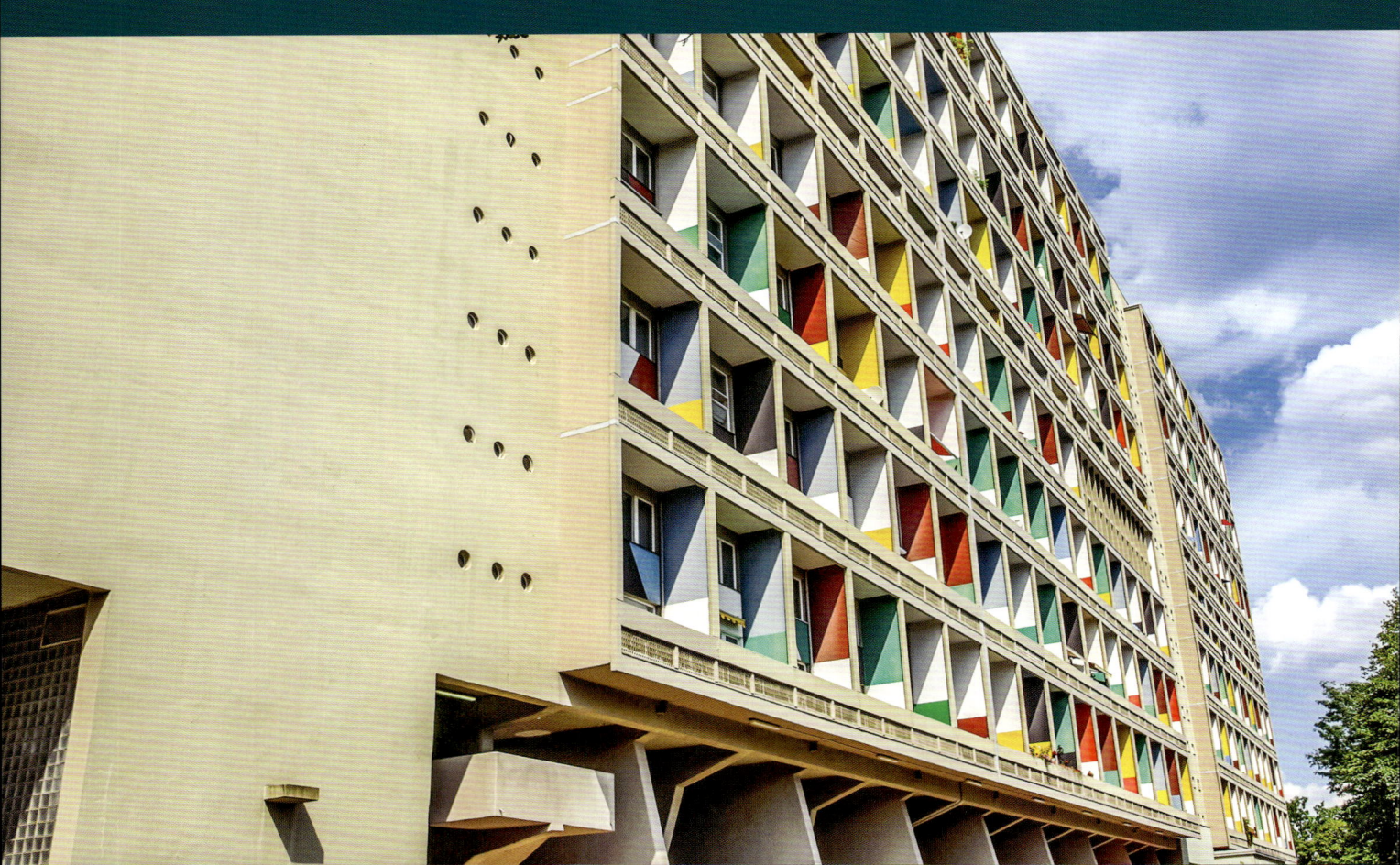

IV

PHILHARMONIE BERLIN

DI *Hans Scharoun* | **DOVE** *Herbert-von-Karajan-Straße 1* | **DATA** *1960-1963*

La sala da concerto Philharmonie è oggi la sede dell'Orchestra Filarmonica di Berlino presso il Kulturforum della città. L'edificio, costruito secondo il progetto innovativo di Hans Scharoun, consiste in una struttura pentagonale al cui centro sorge il podio dell'orchestra e tutt'intorno si sviluppano le gallerie per gli spettatori: si abbandona così la classica disposizione frontale del pubblico rispetto ai musicisti. Questo fa dell'edificio il primo esempio della configurazione in stile vigneto, tipica delle sale con palco centrale e pubblico che lo circonda a 360 gradi.

BAUHAUS-ARCHIV

DI *Walter Gropius con Alex Cvianovic e Hans Bandel* | **DOVE** *Klingelhöferstraße 14* | **DATA** *1964-1979*

Il progetto originale del 1960 per la nuova sede degli Archivi Bauhaus a Berlino – dove sono conservati i documenti della storia e dell'attività della celebre scuola di arte, architettura e design – viene realizzato solo dopo la morte di Gropius avvenuta nel 1969. Soltanto nel 1976 iniziano i lavori per una versione modificata del progetto originario guidati dal collaboratore di Gropius, Alex Cvianovic, con Hans Bandel. Nonostante la concretizzazione del progetto si sia rivelata più difficile per ragioni politiche e finanziarie, alla fine la copertura realizzata con una serie di shed che illuminano gli ambienti a doppia altezza del museo riesce a sopravvivere, e con essa anche l'impostazione di Gropius della pianta del piano terra. Nel 1997 l'edificio è stato annoverato tra i monumenti architettonici protetti.

BONJOUR TRISTESSE

DI *Álvaro Siza Vieira* | **DOVE** *Schlesische Straße 7* | **DATA** *1980-1990*

Progettato da Álvaro Siza in occasione dell'Internationale Bauausstellung, Mostra internazionale dell'edilizia, tenutasi a Berlino nel 1984, questo complesso residenziale è una delle opere di spicco di quell'edizione, nonché il primo lavoro all'estero di Siza. Era stato costruito originariamente nel 1983 per il completamento e il recupero di un insieme di immobili antichi danneggiati dalle guerre. Quattro appartamenti per piano danno forma alla pianta tipo dell'edificio. Questa articolazione non è leggibile attraverso la scansione dei prospetti, così regolari e modulari, il cui andamento segue la linea curva che disegna il profilo del corpo di fabbrica verso l'incrocio stradale dove campeggia la scritta «Bonjour Tristesse», che dà il nome all'isolato.

GALERIES LAFAYETTE

DI *Jean Nouvel* | **DOVE** *Französische Straße 23* | **DATA** *1996*

Situato sull'asse commerciale in pieno centro della ex Berlino Est, poco distante dal noto Checkpoint Charlie, l'edificio delle Galeries Lafayette viene concepito in occasione di un più vasto piano di riqualificazione urbana. L'architettura realizzata su progetto di Jean Nouvel si presenta come contemporanea e visionaria: l'uso del vetro caratterizza l'intero edificio ed è presente sia in facciata sia in copertura, richiamando le gallerie europee ottocentesche. Dieci grandi volumi in vetro si articolano a partire dalla copertura e attraversano i vari livelli degli spazi interni, secondo dimensioni e inclinazioni diverse, diffondendo la luce naturale.

Q205-Q206-Q207

DI *Oswald Mathias Ungers, Ieoh Ming Pei, Jean Nouvel* | **DOVE** *Friedrichstraße 67* | **DATA** *1991-1996*

Sulla centralissima Friedrichstraße di Berlino si trova il complesso di Friedrichstadt-Passagen, un insieme di tre isolati di negozi collegati tra loro da gallerie sotterranee. Questi tre isolati, il Q205, il Q206 e il Q207, sono stati progettati rispettivamente da Oswald Mathias Ungers, Ieoh Ming Pei e Jean Nouvel. All'interno del Q207 trovano oggi sede le Galeries Lafayette, collegate al Q206 grazie a una costruzione high tech di Nouvel, che congiunge i due quartieri adiacenti. Q206 è un edificio di sette piani completamente vetrato fino alla copertura sempre vetrata e articolata in modo tale da catturare la luce e filtrarla all'interno. Il progetto del Q205 si sviluppa sulla base di un modulo quadrato, utilizzando un linguaggio sobrio e incentrato sulla tradizione del blocco edilizio berlinese. Il cortile interno ospita una scultura-torre alta quanto tre piani realizzata da John Chamberlain.

QUARTIER SCHÜTZENSTRASSE

DI *Aldo Rossi* | **DOVE** *Charlottenstraße 16* | **DATA** *1992-1998*

Progettato già nel 1992 ma realizzato solo successivamente, il grande isolato polifunzionale nei pressi del Checkpoint Charlie sorge nella «striscia della morte» del Muro di Berlino (la lingua di terra che separava i due muri in cemento armato che formavano la barriera di divisione tra Berlino Est e Berlino Ovest) e si inserisce in un più grande piano di recupero urbano. Il complesso è composto da dodici unità che variano per dimensioni, stile, forma, materiali e tecnologie edilizie utilizzate. L'intervento è articolato sul fronte strada con facciate caratterizzate da un notevole impatto visivo, anche in virtù dell'uso di colori vivaci quali il rosso e il verde. L'edificio, volutamente eclettico, integra alcune preesistenze e fa riferimento a differenti tipologie edilizie.

×

HOTEL GRAND HYATT

DI *Rafael Moneo* | **DOVE** *Marlene-Dietrich-Platz 2* | **DATA** *1996-1998*

Rafael Moneo realizza un complesso alberghiero, affacciato su Marlene-Dietrich-Platz, caratterizzato da un impianto trapezoidale e dalla presenza di una corte centrale. Occupa un intero lotto e si contraddistingue per la composizione compatta che conferisce una sensazione di solidità e durevolezza. Il disegno lineare, sia della facciata sia della pianta, lo differenzia rispetto agli edifici poco distanti progettati da RPBW in Potsdamer Platz. Vi è un solo elemento di dinamicità ovvero la facciata lievemente ricurva, rivestita di arenaria rossa, che volge verso la piazza antistante. Tutti gli spazi interni riprendono in maniera rigorosa la scansione strutturale e il ritmo della facciata, articolandosi in maniera modulare.

MUSEO EBRAICO

DI

DANIEL LIBESKIND

Il Museo Ebraico progettato da Daniel Libeskind si inserisce nel contesto con la drammaticità di una linea spezzata, esemplificazione di un mondo lacerato e ferito.

DOVE
Lindenstraße 9-14

DATA
1989-1999

Il Museo Ebraico nasce come erede del primo museo ebraico chiuso nel 1938 per imposizione del regime nazista. Nella Repubblica Federale Tedesca già dagli anni Settanta si è fatta strada l'idea per cui, in onore e in memoria del popolo ebraico, il museo a esso dedicato dovesse essere riaperto e, nel 1989, in seguito a un concorso, il progetto viene affidato a Daniel Libeskind.

Benché il museo andasse integrato al palazzo settecentesco del Kollegienhaus (Corte d'appello prima, Museo di Berlino poi), Libeskind si riserva di adattare le linee guida richieste dal concorso alla sua visione innovativa e decostruttivista. Dall'ingresso, situato nel palazzo prussiano edificato nel 1735, i visitatori scendono al livello interrato, un tunnel sotterraneo verso il museo, che già nel suo aspetto appare molto più di un contenitore di manufatti, essendo esso stesso parte integrante del percorso e opera d'arte. L'architettura, attraverso la sua spigolosa articolazione, genera molteplici itinerari interni in cui le opere vengono presentate mediante diversi scenari.

L'idea di fondo del progetto, racchiusa nel titolo *Between the lines* (tra le righe, ma anche tra le linee), prevedeva un edificio la cui forma fosse riconducibile a una linea spezzata intersecata a una linea retta. Nella loro intersezione si generano spazi vuoti che attraversano il volume del museo per tutta la sua altezza, alcuni dei quali inaccessibili.

Al suo interno, più itinerari si offrono alla scelta del visitatore: un richiamo alle scelte che la vita ci pone davanti e che richiedono una nostra decisione. Tre percorsi si presentano davanti al visitatore una volta percorsa la scala di ingresso e conducono a tre diversi corridoi che simboleggiano i destini del popolo ebraico. Il primo (l'asse dell'Olocausto) conduce direttamente alla Torre dell'Olocausto: un volume autonomo rispetto a

Vista esterna del Giardino dell'Esilio

quello del museo, vuoto e buio, dove la luce è filtrata da una piccola feritoia per sperimentare il senso di smarrimento vissuto dai deportati. Il secondo percorso (l'asse dell'Esilio) culmina nel Giardino dell'Esilio e dell'Emigrazione, un am-

ALL'INTERNO DEL MUSEO È PRESENTE UN'INSTALLAZIONE PERMANENTE CHIAMATA *SHALEKHET – FALLEN LEAVES* (FOGLIE CADUTE), DELL'ARTISTA MENASHE KADISHMAN. COSTITUITA INTERAMENTE DA VOLTI INTAGLIATI IN PIASTRE D'ACCIAIO, È SIMBOLO DI TUTTE LE VITTIME DELLA VIOLENZA E DELLA GUERRA.

Uno dei tagli delle lastre in zinco dell'involucro

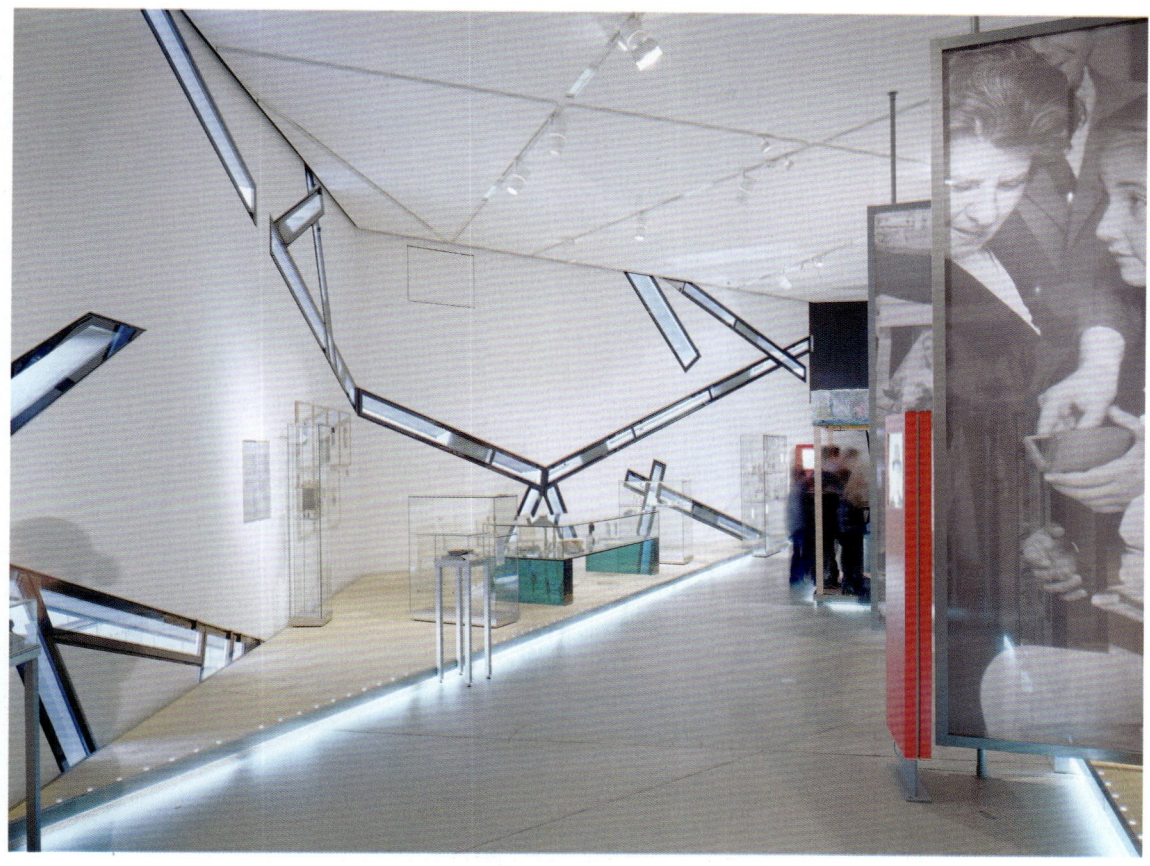

Una sala espositiva

biente esterno e aperto dove 49 colonne di cemento disposte su un piano inclinato impediscono la visione di quanto vi è oltre. Il terzo percorso (l'asse della Continuità) guida invece alla Scalinata della Continuità, un passaggio tra passato e presente, che accompagna il visitatore verso il reale percorso espositivo, articolato lungo il corpo di fabbrica.

Il fruitore non riesce ad appropriarsi in maniera totale del percorso espositivo, che resta frammentato e disorientante, come una verità sepolta e non del tutto attingibile. Come l'interno si fa buio e oscuro, animato da flash di luce corrispondenti alle «ferite» vetrate che solcano i muri come cicatrici, anche l'esterno del museo appare una presenza misteriosa, una fortezza inespugnabile chiusa nei suoi alti muri costellati da piccole feritoie, e rivestita da una pelle metallica, risultando inaccessibile dalla strada.

Un'architettura pensata come grande scultura esperienziale, in cui il vuoto diventa parte dello spazio espositivo e rappresenta ciò che non può essere espresso nella realtà, ma soltanto evocato e immaginato.

Dettaglio del Giardino dell'Esilio

I 49 VOLUMI DEL GIARDINO DELL'ESILIO HANNO UN PRECISO SIGNIFICATO NUMERICO. I PRIMI 48 RAPPRESENTANO IL 1948, ANNO DI FONDAZIONE DELLO STATO DI ISRAELE. LA QUARANTANOVESIMA COLONNA RAPPRESENTA LA CITTÀ DI BERLINO E CONTIENE DELLA TERRA PROVENIENTE DA GERUSALEMME. ALLA SOMMITÀ DI OGNI COLONNA VI SONO PIANTE DI OLIVO, SIMBOLEGGIANTI LA PACE E LA SPERANZA, IRRAGGIUNGIBILI DAL VISITATORE DATA L'ALTEZZA. È UN MODO PER TRASMETTERE L'ANGOSCIA DI NON POTER TOCCARE E FARE PROPRI VALORI TANTO AMBITI.

*Uno degli spazi interstiziali
con l'installazione di Kadishman*

Gli spazi interni con i tagli di luce zenitale

La cupola del Reichstag progettata da Norman Foster

LA CITTÀ OGGI

LA RINASCITA DI BERLINO
di Alessandra Coppa

LA RINASCITA DI BERLINO

Alessandra Coppa

Parlare dell'architettura berlinese contemporanea significa fare i conti con la storia. L'8 maggio 1945 fu firmata la resa incondizionata della Germania: l'indomani la bandiera sovietica sventolava ormai in cima al Reichstag e la città, attorno, era fortemente compromessa nei suoi edifici storici e nelle infrastrutture. A distanza di oltre quarant'anni, un altro scenario: il 9 novembre 1989 fu aperto a Potsdamer Platz il primo varco nel Muro di Berlino e la Germania riunificata, di lì a poco, avrebbe dovuto fare i conti con due città cresciute parallelamente con sistemi sociali, politici e architettonici differenti. Esempi di spicco di questi due modelli diversi sono, per quanto riguarda il sistema sovietico, il Palazzo della Repubblica di Heinz Graffunder e Karl-Ernst Swora (1974-1976) e la Torre della televisione di Hermann Henselmann (1965-1969); per quello occidentale-capitalista, il Kulturforum, un'idea urbanistica di Hans Scharoun, che vide la costruzione della Filarmonica (1960-1963) e della Biblioteca di Stato (1966-1978), dello stesso Scharoun, la Neue Nationalgalerie di Mies van der Rohe (1965-1968), il Centro delle scienze di James Stirling e Michael Wilford (1979-1988) e la Gemäldegalerie di Heinz Hilmer e Christoph Sattler (1988-1989).

Nell'arco di più di vent'anni dalla caduta del Muro, gli architetti sono intervenuti su un suolo martoriato o abbandonato, lasciato decantare, sedimentare, volutamente o meno, come una ferita che si rimargina con il tempo. A loro il compito di ricucire il tessuto e ricostruire l'epidermide, ma anche gli strati più profondi di una comunità. Per raccontare questa storia partiamo significativamente dal rifacimento del Reichstag, simbolo di un Paese riunito che nel 1991 riporta il parlamento nazionale nella capitale Berlino: l'edificio ristrutturato da Norman Foster viene inaugurato nel settembre del 1999. Il Reichstag, dell'architetto Paul Wallot (1884-1894), era stato incendiato durante l'ascesa del nazismo, in seguito bombardato nel corso della Seconda guerra mondiale e, negli anni Sessanta, utilizzato come sala conferenze e museo. La scelta del recupero dell'esistente si carica di valori simbolici.

Potsdamer Platz

Il Sony Center

Il progetto di Foster prevede il ripristino delle condizioni originarie nel nucleo neobarocco, tra cui la posizione dell'ingresso principale, in cima al grande scalone; il piano d'accesso viene restaurato così come i piani originari, oltre ai cortili interni. La conservazione si estende ai graffiti incisi sui muri dai soldati russi nel momento del loro ingresso in città. Ma il segno più forte del progetto è costituito dalla cupola in vetro (l'originale fu demolita nel 1954) che copre la grande camera del parlamento, *landmark* urbano dello Stato unificato. L'idea di Foster è quella di rendere accessibile tale spazio, oltre che la copertura dell'edificio. Il cittadino può così osservare dall'alto i politici, con un gesto che ne rimarca la sovranità. L'ascesa alla cupola vetrata è una sorta di cammino esperienziale che il visitatore compie attraverso una rampa spiraliforme, un richiamo allo scorrere del tempo. In cima, tutto sembra rimpicciolirsi: le persone, la città; e il destino degli uomini sulla terra appare unificato sotto un cielo immenso. La cupola è anche una struttura tecnologica volta al risparmio energetico, poiché funge da sistema di ventilazione naturale per tutto l'edificio. Al centro è posto un grande cono rovesciato riflettente, allo stesso tempo scultura luminosa e accumulatore di energia, in quanto è rivestito di batterie fotovoltaiche e da centinaia di specchi che incanalano la luce verso la camera sottostante, riflettendovi porzioni di cielo. Anche questo edificio, come altri progetti di Foster, è un'architettura da attraversare, in cui la trasparenza gioca un ruolo determinante, e diviene luogo della memoria e del movimento. Questi ultimi due concetti richiamano la stessa essenza di Berlino, città che porta su di sé le tracce del tempo, ma che viene rilanciata verso il futuro attraverso interventi architettonici imponenti e mirati.

Il secondo intervento, per valenza simbolica, è la ricostruzione dell'area di Potsdamer Platz. Già nell'Ottocento sede di un importante nodo ferroviario, diventa nel Novecento fulcro della vita notturna berlinese e sede di alberghi di lusso e caffè. Bombardata durante la Seconda guerra mondiale, proprio a Potsdamer Platz, nel 1989 i due sindaci della città si incontrano, attraversando un varco nel Muro. Nel 1992 la stazione della metropolitana viene rimessa in funzione e Renzo Piano vince il concorso a inviti per la ricostruzione dell'area. L'architetto, nella relazione di progetto, dichiara: «Una città si crea in cinquecento anni. Noi siamo stati chiamati a rifare un grosso pezzo di Berlino in cinque anni». In effetti l'estensione del terreno è enorme, si tratta di circa 600.000 metri quadrati. Lo sponsor di questo intervento è Daimler-Benz (con la riunificazione diverse imprese decidono infatti di stanziare capitali per la ricostruzione della città), che include anche l'edificazione della propria sede centrale.

Cardine del progetto è una grande piazza situata all'affaccio della Alte Potsdamerstraße. Una serie di edifici posti lungo quest'asse (a cura di Richard Rogers) termina con la torre della Debis-Haus per Daimler-Benz. Combinazione di superfici vetrate e opache in terracotta, è stata progettata dallo stesso Piano e diviene perno visivo in affaccio alla piazza. A partire da questa, gli edifici si fanno via via sempre meno trasparenti, evocando le case berlinesi in mattoni; la terracotta quindi è elemento unificante del progetto. La natura e l'acqua fungono da raccordo e cerniera: il bosco del Tiergarten scende dall'alto invadendo il sito e popolandolo di giardini e fontane. Piano rispetta la scansione degli isolati berlinesi, uno tra i vincoli richiesti dal piano regolatore, e riesce a ricreare l'effetto della pluralità architettonica delle città europee, con i suoi edifici vicini, stretti nei loro lotti, e comunque gli uni diversi dagli altri. Progettando il masterplan, l'architetto traccia elementi unificanti, che vengono poi animati dai singoli interventi a cura di colleghi di fama internazionale quali Richard Rogers, Arata Isozaki, Rafael Moneo, Hilmer & Sattler, Helmut Jahn, che concorrono alla costruzione di complessi commerciali, come per esempio il Sony Center di Jahn, residenziali e a uso uffici. L'area ingloba, inoltre, lo storico Kulturforum di Scharoun, con la Filarmonica e la Biblioteca di Stato, presenze imponenti che Renzo Piano ha saputo bilanciare con la costruzione del Teatro e del Casinò affacciati sulla nuova Marlene-Dietrich-Platz. Questo quartiere storicamente votato alla cultura e all'intrattenimento sembra quindi essere tornato agli antichi fasti, mantenendo una continuità estetica, funzionale e sociale.

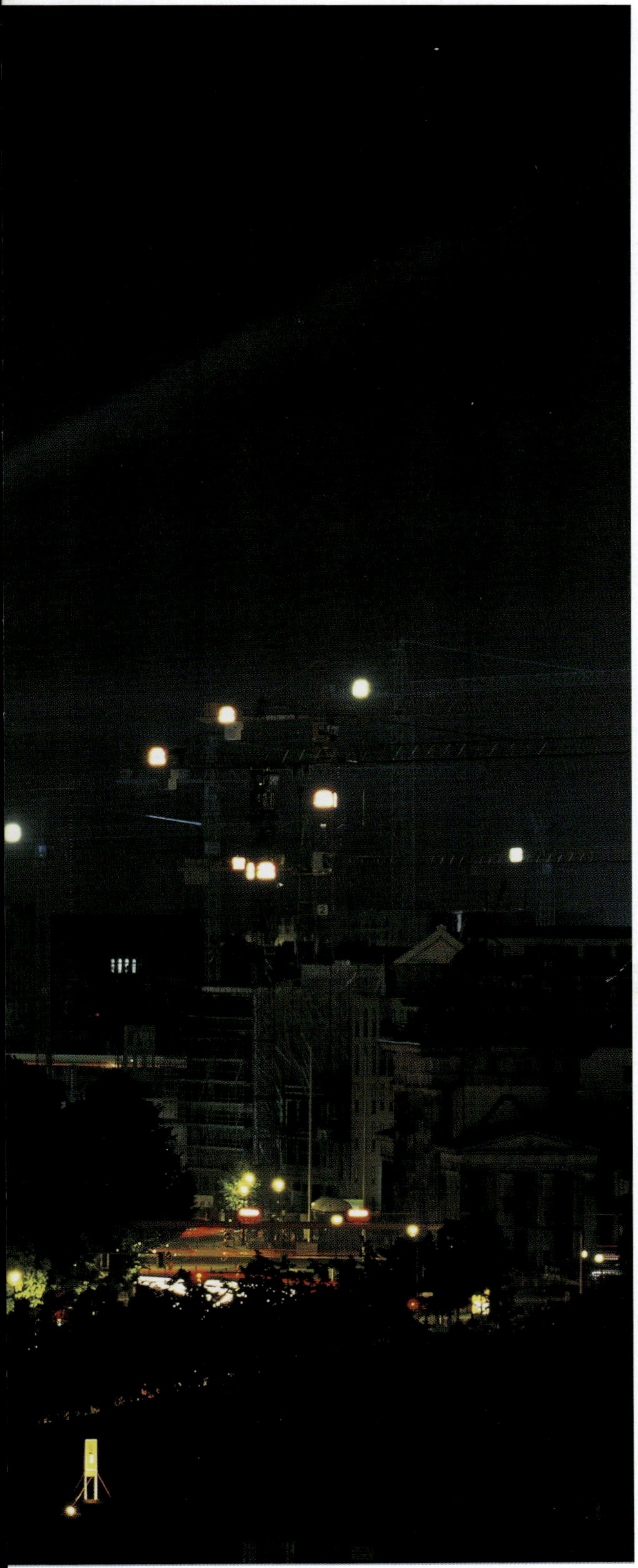

01

PROGETTO

PALAZZO DEL REICHSTAG

DI

FOSTER + PARTNERS

L'intervento di Norman Foster sulla struttura del Reichstag, con la costruzione di una grande cupola vetrata che fa riferimento all'originario progetto di Paul Wallot, diventa una grande metafora del tema della trasparenza, dell'accessibilità, della sostenibilità e della stratificazione storica.

DOVE
Platz der Republik 1

DATA
1992-1999

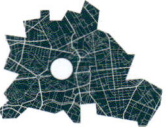

L'interno della cupola
aperto al pubblico

Dettaglio del rivestimento in vetro dall'interno

Dopo la nascita dell'Impero tedesco (1871), viene bandito un concorso per realizzare la sede per il Reichstag, il parlamento del Reich tedesco, che vede come vincitore il progetto di Paul Wallot. La sua idea prevede la costruzione di un edificio neobarocco con due corti interne, con il salone per le sedute plenarie. La sua grandiosità è accentuata dall'avancorpo classicheggiante a sei colonne, sormontato da un timpano e da un'ampia scalinata anteriore, da cui si raggiunge il portale d'ingresso. Il palazzo non passa indenne i bombardamenti del 1945 e con il trasferimento della capitale a Bonn, viene lasciato in

«LA CUPOLA È DIVENTATA NUOVO *LANDMARK* NEL PAESAGGIO CITTADINO ED ESPRESSIONE TANGIBILE DI DEMOCRAZIA. PUBBLICO E POLITICI SI INCONTRANO E INTERAGISCONO; POSSONO VEDERE ED ESSERE VISTI.»

Peter Eisenman

stato di abbandono. Nel 1954 per gli ingenti danni si rende necessaria la demolizione della cupola originaria, ma si decide di non abbattere il Reichstag. Con lo spostamento della capitale del 1991, il parlamento si trasferisce di nuovo a Berlino.

Per il restauro e la riorganizzazione funzionale della struttura, nel 1992 viene indetto un concorso internazionale, vinto dal progetto di Norman Foster. La prima proposta dell'architetto è però motivo di forti controversie, in quanto prevede la realizzazione di una sorta di copertura a baldacchino dell'intero edificio. Viene quindi imposta una variante, che comporta la ricostruzione di una cupola simile a quella originaria, basata su alcuni punti cardine: l'accessibilità ai cittadini (trasparenza); la stratificazione storica come strumento in grado di mantenere vivo il ricordo delle vicende passate (edificio-museo); la salvaguardia dell'ambiente e il risparmio delle risorse energetiche (ecologia). Foster decide allora di conservare solo il nucleo esterno originario.

Dietro la massa della facciata originaria, prende corpo una costruzione interna leggera e trasparente, grazie all'uso di materiali come il vetro e l'acciaio. La colorazione degli interni si contrappone ai grigi e ai bianchi della pietra degli esterni e dei nuovi pavimenti e, inoltre, gioca con i contrasti cromatici per differenziarsi dalle pareti originali.

Sopra i tre livelli dedicati alle funzioni politiche, sorge un terrazzo da cui i cittadini hanno accesso alla cupola che evoca quella di Wallot, ormai diventata un simbolo di rinascita per la città. Tale struttura illumina e ventila la sala parlamentare, sostiene la terrazza panoramica e contiene le cellule fotovoltaiche previste dal programma di risparmio energetico. Al centro della cupola, una scultura luminosa a forma di tronco di cono capovolto perfora il soffitto della sala parlamentare e si estende verso l'alto fino a raggiungere la sommità.

PROGETTO

POTSDAMER PLATZ

DI

RENZO PIANO
BUILDING WORKSHOP

Potsdamer Platz è la piazza della rinascita e del ricongiungimento delle «due Germanie» generate all'indomani della Seconda guerra mondiale. I nuovi edifici progettati per questo intervento di grande scala si inseriscono nel tessuto storico urbano e interagiscono con il resto della città.

DOVE
Potsdamer Platz

DATA
1992-2000

Scorcio con la Torre Debis

La Seconda guerra mondiale lascia Berlino in uno stato di distruzione e rovina: un terzo degli edifici è andato completamente distrutto. Nel 1961, prima ancora di trovare un'unità d'intenti per la ricostruzione, la città viene divisa in due parti con la realizzazione del Muro. Questo elemento di separazione impone alla ricostruzione due passi e due modi completamente diversi nel settore est e nel settore ovest. Con la caduta del Muro, nel 1989, la città si ritrova a dover risolvere un problema urbanistico senza precedenti, ovvero ricucire un vuoto urbano lasciato in uno stato di abbandono.

La piazza è situata a ovest del quartiere storico di Friedrichstadt ed è sempre stata un fulcro centrale di notevole importanza per la città, sia per quanto riguarda i trasporti, sia per la presenza di edifici destinati all'intrattenimento e al commercio. Fra le numerose proposte avanzate al concorso inter-

I percorsi pedonali

nazionale indetto nel 1992, è risultato vincente il progetto di Renzo Piano Building Workshop – Christoph Kohlbecker (Gaggenau): prevede di ricucire puntualmente il tessuto edilizio attraverso interventi che riprendono i caratteri della città storica europea, e tedesca in particolare, costituita da isolati chiusi ad alta densità abitativa.

Lo Studio ha ideato il masterplan generale e progettato otto edifici e alcune aree pubbliche, tra cui la Marlene-Dietrich-Platz, con il suo Teatro e Casinò, la Galleria commerciale coperta lunga 180 metri con il cinema Imax e la Torre per uffici (che definisce a nord, insieme alla torre di Hans Kollhoff, la testata del quartiere di Potsdamer Platz). La natura e l'acqua sono stati utilizzati come elementi di cerniera con il bosco del Tiergarten. Gli edifici ospitano funzioni residenziali, culturali e commerciali, ma tutti mantengono un chiaro riferimento alla tradizione costruttiva berlinese, sia per esempio nell'impiego, in tutti quelli curati da Piano, di un materiale consueto come la terracotta per i rivestimenti, sia mantenendo l'affaccio lungo le vie di comunicazione. Le altre costruzioni sono state affidate ad architetti di fama internazionale tra cui: Hans Kollhoff, Richard Rogers (edifici residenziali e per uffici), Arata Isozaki (uffici in Eichhornstraße), Rafael Moneo (sede Mercedes Benz e Hotel Grand Hyatt), Helmut Jahn (Sony Center), Giorgio Grassi (cinque edifici residenziali Park Kolonnaden). In questo modo, pur nella unità progettuale del masterplan, trova spazio una pluralità estetico-formale.

«BERLINESI. ECCOVI QUESTA PIAZZA. FATELA ENTRARE CON I SUOI EDIFICI NEL VOSTRO QUO-TIDIANO, NEI RITI DI OGNI GIORNO. AIUTATELA A PORTARE UN'EREDITÀ COSÌ PESANTE E A FARSI PERDONARE IL SUO ESSERE COSÌ NUOVA, COSÌ GIOVANE, COSÌ INESPERTA. E CHE LA NAVIGATA ESPERIENZA DELL'ANGELO AZZURRO, DI LASSÙ, LE SIA DI AUGURIO E ISPIRAZIONE.»

Renzo Piano

O 3

PROGETTO

DZ BANK

DI

FRANK O. GEHRY

In contrapposizione alla facciata esterna progettata con un senso di «autonomia» rispetto al contesto, gli ambienti interni della DZ Bank svelano uno spazio scultoreo, fluido e dinamico, immaginato da Frank O. Gehry.

DOVE
Pariser Platz 3

DATA
1995-2000

LA CELEBRE ESPRESSIVITÀ SCULTOREA DI GEHRY SI SVILUPPA ALL'INTERNO DELLA BANCA, NELL'ATRIO, DOVE SI TROVA UN INVOLUCRO A FORMA DI «TESTA DI CAVALLO» CHE CONTIENE UNA SALA PER CONFERENZE, MENTRE ALL'ESTERNO L'EDIFICIO SEGUE, ANCHE SE REINTERPRETANDOLE, LE PRESCRIZIONI EDILIZIE PER IL CENTRO DI BERLINO.

Nel 1995 Frank O. Gehry vince il concorso per la realizzazione della sede centrale della DZ Bank. Le regole edilizie di Berlino hanno contribuito all'adozione di scelte progettuali che all'apparenza possono risultare sobrie, ma che in realtà mostrano una certa autonomia rispetto al contesto.

Da un lato, sul fronte verso Pariser Platz, l'edificio ha un prospetto molto uniforme, sul quale si aprono le vetrate a intervalli regolari, che si armonizza con il tessuto urbano prospiciente e con la vicina Porta di Brandeburgo. Sul fronte opposto, che si affaccia su Behrenstraße, la facciata risulta più caratterizzata: fluida e dinamica, è animata da un movimento ondulato accentuato dai *bow window* aggettanti in acciaio inossidabile e vetro. L'edificio – headquarters di una delle più importanti società bancarie tedesche e che accoglie anche 39 appartamenti – su ambo i lati è rivestito in pietra di Verona e in calcare color camoscio, che visivamente risulta molto simile all'adiacente Porta di Brandeburgo.

La scultorea sala conferenze a «testa di cavallo» nella corte interna

All'interno si verifica un cortocircuito visivo di grande impatto. Attorno al grande foyer centrale, si sviluppano gli uffici della banca, distribuiti su sei piani serviti da passerelle e ballatoi che riprendono l'impronta rettangolare del fabbricato. La grande copertura vetrata di questo invaso centrale assume connotati scultorei e rievoca le vetrate delle serre dei giardini berlinesi. La sua struttura ricurva a maglia triangolare le conferisce elasticità, ma anche resistenza agli agenti atmosferici. Questo grande «ventre» che filtra all'interno la luce naturale accoglie il vero fulcro compositivo dell'opera: un volume, «the horse head», anch'esso dalla forma scultorea che ospita una sala per convegni, rivestita internamente in legno di pino ed esternamente da una pelle d'acciaio inossidabile.

Gehry ha dato molta importanza all'illuminazione: sia di giorno che nelle ore notturne, offre una particolare percezione degli spazi e dei materiali ed è in grado di evocare atmosfere suggestive.

Al piano interrato si trovano il Forum e il Casinò chiusi in alto, verso l'atrio, da una membrana di vetro fluida che sembra galleggiare a mezz'aria e che richiama quella sovrastante il foyer.

La nuova sede della DZ Bank può essere definita come un edificio teatrale perché, dietro il sipario di una architettura che mantiene una certa omogeneità rispetto al contesto in cui si inserisce, cela al suo interno elementi a sorpresa, come la grande forma scultorea – la «testa di cavallo» – disposta nell'atrio centrale che racchiude la sala conferenze per convegni, prova dell'abilità di Gehry nelle articolazioni formali. Come ha sottolineato Gehry: «La banca è stata un committente con grande spirito di avventura. Abbiamo vinto il concorso con una "testa di cavallo" e in un secondo momento, parlando con loro, abbiamo scoperto che gli piaceva. Così l'abbiamo tenuta e migliorata, perché l'avevamo estrapolata da un altro progetto, cosa che non faccio spesso, anzi penso di non averla mai fatta».

ERISCHE
FT

O 4

AMBASCIATA DI SVIZZERA

DI

DIENER & DIENER ARCHITEKTEN

L'Ambasciata elvetica rappresenta un caso emblematico di convivenza tra la preesistenza storica dell'edificio e il progetto di ampliamento: l'intervento dialoga con il passato senza operare scelte mimetiche.

DOVE
Otto-von-Bismarck-Allee 4A

DATA
1995-2000

L'Ambasciata di Svizzera nel contesto

Nel 1870-1871 l'architetto Friedrich Hitzig realizza una casa privata in stile neoclassico nel quartiere di Alsen. Verso il volgere del secolo, la nuova proprietà commissiona a Paul Otto Baumgarten un ampliamento che trasforma l'abitazione nel centro di ritrovo della borghesia berlinese. Nel 1919 la struttura viene infine acquisita dall'Ambasciata di Svizzera come propria sede ufficiale. È stato l'unico edificio della zona a non essere intaccato dal piano hitleriano di ricostruzione della città chiamato Welthauptstadt (Capitale mondiale) Germania, a opera dell'architetto Albert Speer, e a superare con danni circoscritti i bombardamenti della Seconda guerra mondiale, diventando poi il punto di riferimento per il rimpatrio dei cittadini svizzeri.

La sede ufficiale dell'Ambasciata di Svizzera, nel

1995, ha indetto un concorso per l'ampliamento della struttura. Lo Studio di Basilea Diener & Diener, che vince la competizione, realizza un concept nel quale vengono selezionati con cura alcuni elementi che richiamano la parte storica dell'edificio. Gli architetti ne mantengono infatti inalterata la facciata principale, mentre sviluppano l'ampliamento degli ambienti sul lato del fronte est, dove realizzano un nuovo volume dalle linee pure e minimaliste. Vengono così a formarsi due entità separate: l'una scandita da finestre alternate a semicolonne ioniche, l'altra che si presenta come un volume chiuso rivestito in cemento a vista.

I progettisti scelgono di mantenere una continuità tra le altezze dei due edifici, superando di poco l'allineamento del nuovo corpo alla balaustra che

Il rigore della composizione negli esterni e negli interni

corona quello storico. Anche nella parte inferiore, il marcapiano che delimita l'ingresso del nuovo volume richiama la scansione della parte basamentale dell'edificio preesistente, che chiude lo zoccolo su cui poggiano le semicolonne. Le due aperture che scandiscono la nuova facciata sono poste in maniera asimmetrica e sembrano creare un contrappunto che rievoca i due registri di finestrature della parte storica. Si origina così un dialogo tra le parti, un gioco sapiente di rimandi, in cui il nuovo si accosta all'antico senza rotture, pur mantenendo evidenti caratteristiche estetiche del contemporaneo.

Il muro della facciata ovest, cieco a causa della demolizione dello stabile contiguo all'Ambasciata, viene affidato all'artista Helmut Federle che realizza un disegno di elementi ortogonali i quali creano finestre cieche, motivo che richiama la memoria di un'architettura passata e genera a sua volta un senso di continuità con la facciata storica principale.

Anche gli interni presentano uno stile dissimile: quelli storici in stile neoclassico sono stati accuratamente restaurati, mentre i nuovi ambienti assecondano lo stile minimale dell'involucro esterno.

O 5

PROGETTO

BIBLIOTECA DELLA FREIE UNIVERSITÄT

DI

FOSTER + PARTNERS

La nuova biblioteca si presenta con una forma che è stata poi associata alla massa cerebrale, in contrasto materico e formale con l'ambiente circostante della Freie Universität di Berlino. Questo grande guscio ricopre e dà luce ai vari livelli della biblioteca.

DOVE
Habelschwerdter Allee 45

DATA
1997-2005

ALL'INTERNO LINEE ONDULATE DISEGNANO I BANCONI E
I BALCONI CON LE POSTAZIONI DI LETTURA IN QUOTA:
L'EFFETTO È QUELLO DI UN INTRECCIO DI AREE COLLO-
CATE LIBERAMENTE NELLO SPAZIO DELLA GRANDE BOL-
LA DELLA COPERTURA.

La nuova biblioteca della facoltà di Filologia è situata all'interno della Freie Universität di Berlino
ed è frutto di decenni di ricerca e sperimentazio-
ne da parte di Foster + Partners su come gli edifici
possano utilizzare le tecnologie passive e attive per
aumentare radicalmente l'efficienza energetica e ri-
durre l'impatto sull'ambiente. La sfida che Foster
affronta in questo progetto è molteplice: accostarsi
a una preesistenza di rilevanza storica come la Freie
Universität; riuscire a concentrare in un unico edificio i 700.000 volumi raccolti negli undici differenti
istituti dell'ateneo; restaurare le architetture esisten-
ti del campus. L'edificio che circonda completamente la biblioteca è stato progettato da Candilis,
Josic e Woods ed è conosciuto come Rostlaube (il
secchio di ruggine) per via delle facciate rivestite in
acciaio Corten ideate da Jean Prouvé. Dal 1973 è la

sede del noto Centro per le Scienze umane e socio-
logiche dell'Università. Il progetto di Foster ha in-
dividuato nel cuore del complesso uno spazio vuoto
dove collocare la nuova biblioteca, che occupa l'area
di sei cortili.
La forma sferoidale della biblioteca si presenta come
una sorta di bolla sensibile all'irraggiamento sola-
re, che diffonde la luce naturale in modo uniforme
all'interno degli spazi tramite una membrana tra-
slucida, garantendo una lettura ottimale nelle varie
postazioni di studio.
I quattro piani in cui si articola la biblioteca sono
contenuti dal doppio guscio dell'involucro rivestito da pannelli di alluminio, che si muovono e cam-
biano a seconda delle condizioni meteorologiche
facendo filtrare la luce oppure permettono la vista
del cielo, e da superfici vetrate isolate, che insieme

*Vista esterna della bolla di copertura
della biblioteca*

Le postazioni di lettura lungo le balconate sinuose

regolano la temperatura interna. È internamente costituito da un tessuto di fibre di vetro bianche che sfuma la luce naturale, diffondendola in maniera omogenea e creando un'atmosfera che favorisce la concentrazione. Gli scaffali per i libri sono situati al centro di ogni piano, mentre i tavoli sono disposti lungo il perimetro. Il profilo a serpentina dei diversi livelli, con arretramenti o avanzamenti della soletta di piano in piano, fa sì che vi penetri molta luce. La forma sferica aerodinamica della biblioteca ha evocato il soprannome di The Brain, che l'ha resa celebre.

Dettaglio del sistema di pannelli di copertura

PROGETTO

MEMORIALE PER GLI EBREI ASSASSINATI D'EUROPA

DI

PETER EISENMAN

L'idea è un'opera legata al tema della memoria, in cui il visitatore entra e si immerge completamente, come in un labirinto senza fine, provando sensazioni di smarrimento e ansia.

DOVE
Cora-Berliner-Straße 1

DATA
1998-2005

Il Memoriale consiste in un ampio spazio pubblico trapezoidale all'interno del quale è disposta, secondo una griglia regolare, una serie di blocchi di cemento, che ricordano le lapidi di un cimitero e generano la percezione di un labirinto privo di vie di uscita. La griglia definita dai 2711 blocchi di cemento, tutti delle stesse dimensioni in pianta (238 × 95 centimetri) con altezza variabile (dai 90 centimetri lungo il perimetro ai 480 nel centro dell'opera) può essere liberamente attraversata dai visitatori. Nel tessuto definito da questi freddi e semplici parallelepipedi in cemento, essi sono chiamati a partecipare attivamente, camminando in solitudine e smarrendosi in un'atmosfera atemporale e densa di pathos. I volumi, crescendo in altezza dai bordi al centro dello spazio, creano un ritmo opprimente, cui contribuiscono anche la luce, che si fa sempre più rarefatta, e la pavimentazione irregolare, con avvallamenti e dossi. Questi elementi concorrono a disorientare e provocare nel visitatore un senso di vertigine. Non ci sono placche, iscrizioni o statue: l'essenza del luogo è trasmessa dalla spazialità stessa generata dalla ripetizione dei volumi.

Il piano interrato del Memoriale, accessibile da sud-est, ospita il centro documentazione storica della Shoah, in un percorso articolato in quattro sale: Sala delle famiglie, dei nomi, dei luoghi e delle dimensioni. Nel progetto architettonico del Memoriale per gli ebrei assassinati d'Europa, ideato da Peter Eisenman, all'ingresso è posta una citazione di Primo Levi: «È accaduto, dunque può riaccadere di nuovo. Questo è il messaggio principale che vogliamo trasmettere».

«HO GUARDATO LA GENTE CAMMINARE ATTRAVERSO L'OPERA PER LA PRIMA VOLTA ED È STATO INCREDIBILE VEDERLA SCOMPARIRE – COME ANDARE SOTT'ACQUA. NON CAPITA SPESSO DI VEDERE PERSONE SCOMPARIRE IN QUALCOSA CHE SEMBRA ESSERE PIATTO.»

Peter Eisenman

Nella Sala delle dimensioni, dove sono raccolti – su pannelli disposti sul pavimento che richiamano la trama della struttura in cemento del soffitto – diari, lettere, cartoline e le ultime notizie delle vittime, redatti durante la persecuzione e nei momenti finali della loro vita, le pareti assumono una colorazione grigio chiaro.

Nella Sala delle famiglie, invece, è presentata l'esperienza di quindici famiglie e viene illustrato il loro stile di vita, con foto e documenti personali che riflettono l'esistenza degli ebrei in Europa prima dell'Olocausto e riportano le informazioni sul loro

*Le pendenze del terreno
tra i pilastri del Memoriale*

annientamento. I documenti sono esposti sopra parallelepipedi scuri sollevati da terra, che contrastano con il fondo grigio delle pareti.

Nella Sala dei nomi, sono proiettati i nomi delle vittime dell'Olocausto e una voce che proviene dagli altoparlanti ne racconta la storia: pronunciare l'elenco dei nomi delle vittime dello sterminio richiede un tempo di sei anni, sette mesi e ventisette giorni.

Infine, nella Sala dei luoghi il progettista cerca di comunicare la dimensione fisica del terrore e dell'omicidio attraverso una grande mappa d'Europa, su cui è indicata la posizione dei campi di concentramento e di lavoro, alla quale sono affiancati alcuni pannelli che descrivono in dettaglio otto luoghi di persecuzione degli ebrei europei.

Vista totale della griglia nel contesto urbano

PROGETTO

STAZIONE CENTRALE

DI

GMP ARCHITEKTEN VON GERKAN, MARG UND PARTNER

La Hauptbahnhof Berlin è la stazione centrale di Berlino, nonché l'infrastruttura di interscambio su più livelli più grande d'Europa. Progettata dallo Studio gmp Architekten e inaugurata nel 2006, ha sostituito le stazioni ferroviarie Lehrter Bahnhof e Lehrter Stadtbahnhof, risalenti alla fine dell'Ottocento.

DOVE
Quartiere Moabit

DATA
1993-2006

Il sistema dei flussi all'interno della stazione

All'indomani della caduta del Muro, l'amministrazione di Berlino si trova a fronteggiare l'esigenza di unificare il sistema dei trasporti agendo sull'assetto urbano di una città che per decenni è stata divisa in due. Nel 1993, il governo federale promuove quindi un concorso per la realizzazione di una nuova stazione di interscambio.

Per portare a termine i lavori è occorso un decennio durante il quale non sono mancate le difficoltà e le modifiche in corso d'opera, ed è anche stato deviato temporaneamente il corso del fiume Sprea. Il progetto risultato vincitore del concorso, tuttora all'avanguardia, è molto complesso: la stazione è composta da più volumi sovrapposti e tra loro articolati

Vista esterna

su tre livelli realizzati per tappe successive al fine di facilitare la gestione del cantiere.

Il traffico dei treni viene organizzato e suddiviso su tre livelli differenziati per direzione; inoltre, la stazione è il principale snodo della metropolitana U5 di Berlino che passa sotto la Sprea. La nuova struttura risulta riconoscibile grazie alla galleria vetrata che copre il livello superiore della stazione, che accoglie le diverse reti ferroviarie e urbane a percorrenza est-ovest. All'interno della pelle vetrata della copertura arcuata è stato incorporato un impianto fotovoltaico, per consentire alla stazione di rispondere autonomamente al fabbisogno energetico gestendo la dispersione termica in inverno e il surriscaldamento estivo.

Sopra la copertura sono collocati, come fossero

L'INCROCIO DI DUE CAPANNONI VETRA-
TI DELLA FERROVIA METROPOLITANA E DI
QUELLO DELLA STAZIONE GENERA UNA
SPAZIALITÀ PIENA DI LUCE. UN SISTEMA DI
GRANDI APERTURE NEI SOFFITTI DI CIA-
SCUN LIVELLO LASCIA FILTRARE LA LUCE
NATURALE.

ponti di collegamento disposti secondo l'orienta-
mento nord-sud, due volumi vetrati adibiti a uffici,
costruiti a piè d'opera e successivamente posizionati
sopra le arcate: un metodo sperimentato per la prima
volta al mondo. Nei piani intermedi della stazione
si concentrano i locali di servizio e gli spazi distri-
butivi, come centri di smistamento, corridoi, ponti
che attraversano i grandi spazi interni, sale d'attesa e
biglietterie; non mancano infine supermercati, negozi e ristoranti. L'ingresso, posto al livello centrale,
è sormontato da una copertura in vetro tubolare in
grado di distribuire la luce negli ambienti adiacenti.
Lo studio gmp Architekten di Amburgo in quest'o-
pera di grande portata è riuscito a coniugare l'a-
spetto funzionale e tecnologico d'avanguardia con
quello formale, capace di integrarsi con l'immagine
di una città in costante rinnovamento.

Le scale e gli ascensori lasciati a vista

O 8

PROGETTO

GALLERIA AM KUPFERGRABEN 10

DI

DAVID CHIPPERFIELD ARCHITECTS

Questa galleria nel cuore di Berlino, non lontano dall'Isola dei musei, si propone come un significativo esempio di «ricucitura urbana» nella densità del tessuto storico.

DOVE
Am Kupfergraben 10

DATA
2003-2007

Le sale espositive

La galleria espositiva si trova in una posizione centrale, caratterizzata dal denso tessuto urbano, ed è affacciata sul canale Kupfergraben e sul polo culturale dell'Isola dei musei. L'intenzione di David Chipperfield, progettista della galleria, è stata quella di dare vita a un edificio moderno che però affondasse le proprie radici nel passato e in una solida tradizione costruttiva. La galleria rappresenta un importante episodio di ricucitura urbana, ma anche storica, un ponte dichiarato tra passato e presente: il nuovo fabbricato, posizionato ad angolo, prende il posto di un edificio distrutto nel corso della Seconda guerra mondiale; come un vero e proprio intervento di *infill*, congiunge ai suoi lati le preesistenze storiche, relazionandosi alle differenti altezze, pur mantenendo un carattere unitario ben definito. La struttura è realizzata in calcestruzzo armato rinforzato, mentre le facciate sono costruite in muratura, impiegando mattoni di recupero. Una stratificazione di trattamenti che comprende la presenza anche di elementi in pietra la quale fa emergere il cambiamento fisico dei materiali nel tempo. Le grandi aperture proiettate verso la città

sono incassate nello spessore della muratura, creano diversi giochi di ombre sui prospetti e, allo stesso tempo, portano all'interno una grande quantità di luce. I serramenti esterni di legno rendono le facciate dinamiche. Mentre l'esterno è caratterizzato dai materiali della tradizione, cui il passare del tempo non toglie ma aggiunge valore, l'interno è definito da grandi spazi, ben proporzionati e luminosi, pensati per accogliere al meglio le opere d'arte. Per ottimizzare la funzione espositiva della galleria, Chipperfield ha scelto di illuminare in maniera naturale le sale, mantenendo la possibilità di controllare l'intensità della luce grazie a persiane pieghevoli interne.

La pianta semplice e gli spazi ampi e flessibili che raggiungono un'altezza di 5,50 metri offrono la possibilità di ospitare diversi tipi di opere, installazioni o eventi collettivi.

La galleria d'arte Am Kupfergraben 10 ha ricevuto nel 2008 il Fritz Höger Prize. L'edificio è risultato vincente sotto più punti di vista, uno su tutti l'impiego e il riuso di materiali «senza tempo».

09

PROGETTO

NEUES MUSEUM

DI

DAVID CHIPPERFIELD
ARCHITECTS

Progettato da Friedrich August Stüler sull'Isola dei musei tra il 1841 e il 1855, il Neues Museum è stato gravemente danneggiato dai bombardamenti della Seconda guerra mondiale. L'intervento di David Chipperfield recupera e restaura il volume originale completandolo.

DOVE
Museumsinsel, Bodestraße 1

DATA
1997-2009

Vista esterna del museo

La costruzione del Neues Museum risale a metà Ottocento, quando re Federico Guglielmo IV di Prussia ordinò all'architetto di corte, Friedrich August Stüler, di elaborare un progetto per sviluppare l'area alle spalle dell'Altes Museum di Schinkel creando un «santuario per le arti e per le scienze». Il Neues Museum è stato la prima tessera di questa idea visionaria. Contrariamente all'Altes Museum, caratterizzato da una rotonda centrale sovrastata da una cupola, il Neues Museum, in stile neoclassico, si articola al piano terra attorno a un salone rettangolare largo quanto l'edificio e dal quale parte una scala che percorre i tre piani espositivi e assume nell'intera composizione un ruolo centrale e non solo distributivo. Come scrive Chipperfield nella relazione di progetto «lo scalone centrale occupa l'intera larghezza dell'edificio».

I bombardamenti della Seconda guerra mondiale hanno profondamente alterato l'aspetto della configurazione originaria del museo, lasciandolo in stato di rovina: alcune sezioni hanno riportato seri danni

Una sala espositiva

*L'allestimento essenziale
si confronta con le preesistenze*

Gli spazi interni restaurati

DOPO OLTRE SESSANT'ANNI IN STA-
TO DI ROVINA, NEL 2009 IL NEUES MU-
SEUM RIAPRE AL PUBBLICO ED ESPO-
NE LA COLLEZIONE EGIZIA E QUELLE
DI PREISTORIA E PROTOSTORIA.

mentre altre sono andate completamente distrutte, a partire dal cuore del museo, lo scalone d'onore che doveva accogliere il visitatore.

Nel 1997, a seguito di un concorso internazionale bandito per il recupero dell'opera, David Chipperfield riceve l'incarico: il progetto verte sul restauro dell'esistente, in cui si inseriscono innesti contemporanei lasciando evidente la struttura storica e i materiali originali. Come ha sottolineato il proget-

tista, l'obiettivo principale è stato quello di «completare», «ripristinare» e «restaurare» l'esistente. Le rovine, quindi, non vengono interpretate come uno sfondo per la nuova architettura: preesistenze e addizioni diventano, nell'opera di Chipperfield, un intervento unitario in cui ciascuna parte mantiene la propria individuale sostanza e provenienza storica. Le nuove sale espositive sono costituite da elementi prefabbricati di grandi dimensioni in

calcestruzzo mescolato con scaglie di marmo della Sassonia, creando una continuità tattile e visiva con gli ambienti storici. Come le sale, anche la nuova scala – posta nella hall d'ingresso, preservata solo come un volume in mattoni, privo della sua pre-

cedente decorazione – riprende l'idea formale dello scalone d'onore, spoglia dei suoi ornamenti. Il percorso di fruizione della collezione era impreziosito da affreschi e decorazioni che accompagnavano in stile le opere esposte, ricreando l'ambientazione sto-

rica in uso nei musei ottocenteschi. Per questi spazi l'architetto opta, laddove possibile, per un restauro conservativo. L'*enfilade* di sale tipica del museo originale è stata mantenuta anche là dove si erano verificate perdite consistenti dovute ai bombardamenti.

In questi casi il progetto ha previsto l'inserimento di nuovi volumi, come per esempio l'ala nordovest, con la corte egizia e l'avancorpo di Apollo, l'abside nella corte greca e la cupola sud, che integrano le sezioni conservate.

La sala dei sarcofagi

10

PROGETTO

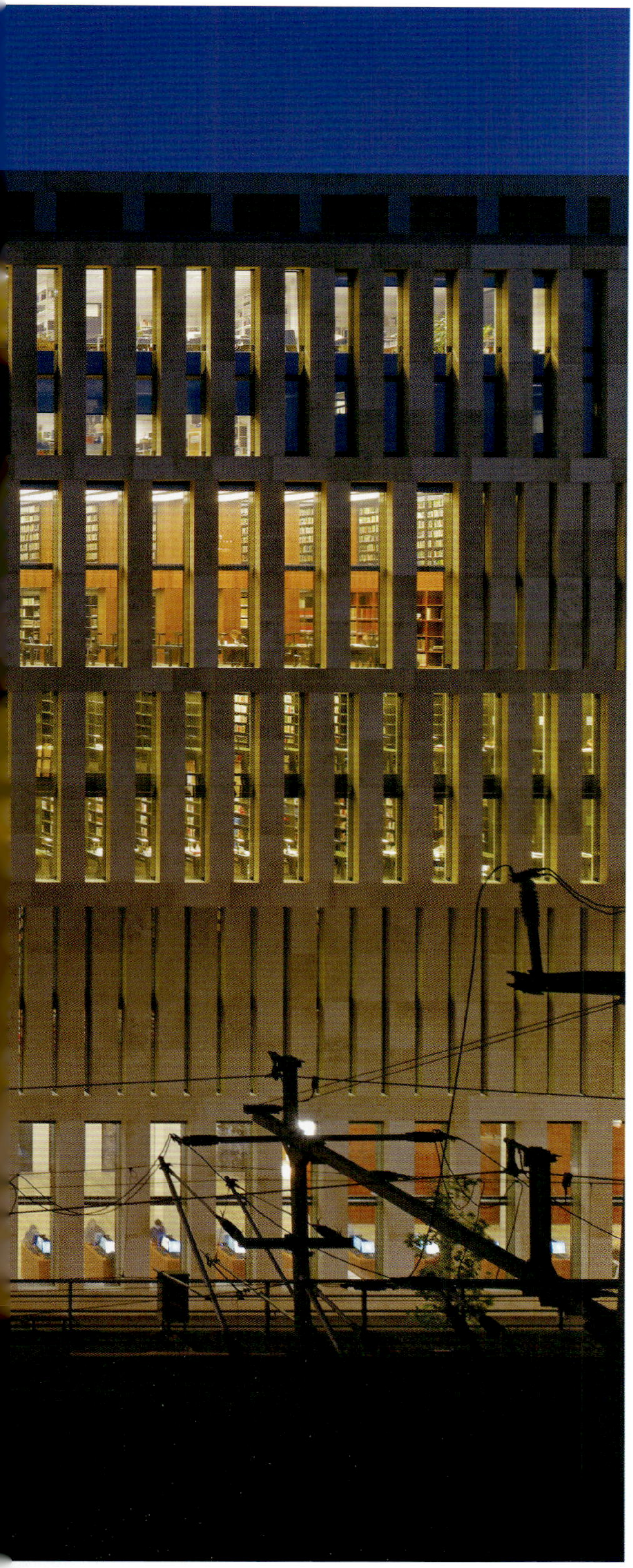

JACOB-UND-WILHELM-GRIMM-ZENTRUM

DI

MAX DUDLER

Il complesso, uno degli edifici tra i più alti dello skyline di Berlino, ospita la biblioteca più grande della Germania, quella della Humboldt-Universität, con le sue sale dedicate alla lettura e gli spazi per conferenze.

DOVE
Geschwister-Scholl-Straße 1-3

DATA
2006-2009

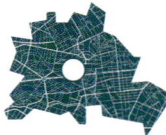

L'EDIFICIO DELLA BIBLIOTECA SI CONFRONTA CON LA CITTÀ IN MANIERA ESPRESSIVA E FUNZIONALE, SENZA MIMETISMI. IL RIGORE COMPOSITIVO DELLE FACCIATE, RITMATO DAI RETTANGOLI DELLE APERTURE, È SOTTOLINEATO ANCHE DALLA SCELTA DEL MATERIALE PER IL RIVESTIMENTO, IL JURASSIC LIMESTONE, ESTRATTO A TREUCHTLINGEN (BAVIERA), CHE SI CARATTERIZZA PER LE SUE VARIAZIONI CROMATICHE.

A Berlino i fabbricati tendono a non superare i 22 metri d'altezza, a eccezione degli edifici di pubblico interesse. Per questo motivo per il fronte principale della biblioteca del Jacob-und-Wilhelm-Grimm-Zentrum, che si affaccia su una linea ferroviaria sopraelevata, il progettista sceglie di sottolinearne il carattere pubblico alzando fino a 38 metri la linea di gronda. In questo modo, il Centro trova una propria identità nello skyline della città e afferma la sua presenza rispetto al polo culturale adiacente, con atenei, biblioteche e l'Isola dei musei sulla Sprea dove sorgono alcune delle più importanti sedi espositive d'Europa. Innalzando il corpo sul viadotto ferroviario è stato possibile arretrare la facciata rispetto alla sede stradale creando un grande piazzale antistante.

In pianta, l'edificio si sviluppa longitudinalmente e presenta una partizione simmetrica rigorosa che ha come centro la grande sala di lettura: un imponente volume di impatto scenografico si sviluppa su diversi piani gradonati verso il centro dello spazio, che ospitano le aree di lettura. Come i palchi di un teatro, si direzionano verso uno spazio centrale, accessibile dal foyer al piano terra, e aprono una vista generale sul grande spazio. Illuminata da una serie di lucernari che filtrano la luce naturale, la sala si presenta come un luogo introverso e riflessivo, un fulcro da cui si vanno a generare al-

tri spazi dove Dudler ha voluto allocare le diverse funzioni: gli uffici, le aule studio, le sale per conferenze e l'archivio.

Il progetto è comprensivo di tutti i complementi d'arredo, dai tavoli da lettura alle lampade alle librerie. Dudler ha impresso un'impronta classica a tutti questi elementi riprendendo oggetti dal design storico all'interno di una cornice di stampo contemporaneo.

La gamma cromatica è neutra, in piena rispondenza alla funzione di concentrazione e di quiete di questi luoghi: i grigi chiari e scuri del calcestruzzo

*Il prospetto laterale con i tagli netti
delle aperture rettangolari*

La biblioteca nel contesto urbano

Le sale di lettura e le scaffalature dei libri a tutta altezza all'interno

a vista, il legno di ciliegio della pannellatura interna alla grande sala di lettura e, per l'ingresso, la pietra calcarea utilizzata per le facciate. I materiali e la loro messa in opera rispondono a un preciso disegno razionale. Gli elementi portanti in calcestruzzo armato seguono uno schema modulare ben definito: due pilastri a base rettangolare, distanziati tra loro di 1,5 metri e sormontati da un architrave, disegnano in sequenza tutti i prospetti della biblioteca. All'esterno, il rivestimento in pietra calcarea lavorata con getti d'acqua ad alta pressione ammorbidisce la scansione regolare delle aperture che dinamizzano la facciata e articolano la spazialità interna.

11

PROGETTO

PLATOON KUNSTHALLE

DI

GRAFT ARCHITECTS

Sempre alla ricerca di nuove tecnologie con cui costruire e plasmare luoghi, spesso cercando di massimizzare il riuso di materiali e strutture per salvaguardare l'impatto ambientale, molti studi di architettura, tra cui Graft Architects, in questi ultimi anni hanno sperimentato la progettazione di case, alberghi e musei usando i container come moduli riproducibili.

DOVE
Schönhauser Allee 9

DATA
2012

Gli interni dell'edificio container

Nei primi anni del Duemila Christoph Frank e Tom Büschermann fondano Platoon, una agenzia per lo sviluppo culturale con sede nei pressi di Berlino. Come location per i loro uffici scelgono di riutilizzare due container da spedizione ridipinti di colore verde militare. Con questo antecedente, nel 2009 a Seoul, Graft Architects ha realizzato per Platoon un altro centro di sviluppo culturale, usando il medesimo concept poi applicato alla suc-cessiva Kunsthalle berlinese. Nel luglio del 2012, viene infatti inaugurata Platoon Kunsthalle, pensata per ospitare eventi culturali di moda, arte e cinema, performance, workshop e letture.

Si tratta di un complesso costituito da 34 container: una struttura iconica, punto di riferimento ben riconoscibile del paesaggio urbano berlinese. La capitale tedesca, infatti, negli ultimi vent'anni è diventata centro della cultura e dell'arte suburbana, luogo

fertile di incontro e condivisione per gli artisti che operano in questo ambiente. La Platoon Kunsthalle è una «piattaforma creativa» che non si limita ad assolvere a funzioni di aggregazione e di promozione delle arti, ma diventa un ottimo esempio di architettura flessibile, capace di adattarsi alle necessità, con una struttura visivamente ben individuabile, che può essere riprodotta salvaguardando la propria identità. La forte impronta industriale del complesso è ul-

teriormente sottolineata dalla scelta progettuale di proseguire anche all'interno la pavimentazione esterna, creando un deciso elemento di continuità che metaforicamente avvicina l'edificio alla cultura suburbana della strada.
Il prefabbricato diventa network replicabile, il cui obiettivo principale è quello di mettere in collegamento gli artisti e le persone iscritte all'associazione, che a oggi sono oltre 6500.

A livello progettuale, lo Studio Graft Architects ha curato ogni dettaglio della struttura, solo apparentemente elementare, riservando grande attenzione all'aspetto ambientale: sono stati impiegati container recuperati localmente, e si è cercato di ottimizzare il più possibile il livello di isolamento termico, con finiture studiate *ad hoc* per i grandi box verdi.

———

«HO DAVVERO APPREZZATO QUESTA SENSAZIONE DI MOBILITÀ OGNI GIORNO QUANDO APRO IL CONTAINER. SPESSO, QUANDO GUARDO FUORI DALLA FINESTRA DELL'UFFICIO, QUALCUNO STA FACENDO UNA FOTO ALLA STRUTTURA. MI PIACE MOLTO QUESTO. NON RIUSCIREI PIÙ A LAVORARE IN UN CLASSICO UFFICIO.»

Christoph Frank

La sala riunioni

12

PROGETTO

MUSEO DI DISEGNO ARCHITETTONICO DELLA FONDAZIONE TCHOBAN

DI

SPEECH ARCHITECTURE OFFICE

Lo Studio SPEECH nasce nel 2006, a sigillo della pluriennale collaborazione tra due architetti di fama internazionale: Sergei Tchoban, russo naturalizzato tedesco, e Sergey Kuznetsov, russo. Il museo da loro progettato a Berlino è il primo dedicato in sede permanente al disegno architettonico.

DOVE
Christinenstraße 18

DATA
2013

QUATTRO ELEMENTI MASSIVI IMPILATI UNO SULL'ALTRO, CORONATI ALLA SOMMITÀ DA UN QUINTO BLOCCO VETRATO, COMPONGONO LA STRUTTURA DEL MUSEO. I BLOCCHI CHE SI SUSSEGUONO IN MANIERA SFALSATA CON DIVERSE INCLINAZIONI SONO DECORATI CON «GRAFFITI» INTAGLIATI NEL CALCESTRUZZO COME UN BASSORILIEVO CHE RICHIAMANO CON LE LORO TRACCE DEI DISEGNI ARCHITETTONICI.

Uno dei sogni dell'architetto e collezionista Sergei Tchoban era trovare una sede adatta dove raccogliere e custodire in pianta stabile i disegni architettonici della sua Fondazione. Il nuovo museo sorge su un'area ex industriale situata oggi in pieno centro: dagli anni Novanta, infatti, gli edifici industriali, ormai inutilizzati a causa del decentramento della produzione, sono stati convertiti in luoghi di cultura quali musei, centri congressi, forum e campus universitari.

Agganciato a una preesistenza, il nuovo complesso si presenta come una serie di imponenti blocchi in calcestruzzo impilati uno sopra l'altro. I volumi, che costituiscono i livelli del museo, sul fronte strada sono allineati mantenendo l'asse prospettico della zona storica residenziale di Berlino, e si sfalsano verso la piazza adiacente e sul fronte opposto.

Per il quinto e ultimo livello dell'edificio è stata adottata una scelta funzionale dai risvolti simbolici: un blocco completamente vetrato, scandito da montanti molto sottili, genera la sensazione di trovarsi in un cristallo «panoramico» proiettato sullo skyline del centro storico di Berlino. Il Museo di disegno architettonico rappresenta un valido esempio in cui la tecnologia e le nuove tecniche costruttive si confrontano e si sposano con la tradizione.

Ciò è stato reso possibile grazie alle scelte di trattamento delle superfici: i primi quattro livelli sono

Le sale espositive

realizzati in calcestruzzo trattato con un particolare colorante che ha permesso di ottenere una tonalità simile a quella della pietra naturale, impreziosito dall'incisione di schizzi che richiamano il mondo dell'architettura.

Le esigenze espositive e di conservazione hanno richiesto una attenta progettazione dell'apparato illuminante. I prospetti sono pressoché ciechi, se si esclude l'ultimo piano e la zona di ingresso: la luce viene gestita artificialmente per ottenere una visione perfetta dei manufatti cartacei, preservandoli nello stesso tempo da eventuali danni dovuti al contatto con la luce naturale.

Nella stessa logica compositiva dei disegni incisi sui prospetti, sono state ritagliate delle aperture per canalizzare la luce naturale all'interno in maniera controllata. Se di giorno il blocco vetrato dell'ultimo livello sembra quasi evanescente, il volume di notte, illuminato dall'interno, diventa un punto di riferimento per il quartiere.

«BERLINO È PIÙ UN CONTINENTE
CHE UNA CITTÀ.»

Jean Paul

MAPPA DELLA CITTÀ

ALTRE ARCHITETTURE MODERNE E CONTEMPORANEE

▶ 1956-1957

CASA DELLE CULTURE DEL MONDO

Hugh Stubbins
John-Foster-Dulles-Allee 10

Il progetto è stato realizzato in occasione della Mostra internazionale dell'edilizia del 1957 e cofinanziato dal governo americano come centro congressi. Si distingueva per la particolarità della copertura aperta in due direzioni con un effetto fluttuante. Dopo un crollo parziale del tetto nel 1980, nel 1989 è diventato la Casa delle culture del mondo: ospita mostre, eventi e spettacoli. L'ingresso, con un grande specchio d'acqua, accoglie un'opera di Henry Moore.

▶ 1988

TORRE KREUZBERG

John Hejduk
Charlottenstraße 97A

La Torre Kreuzberg, in stile postmoderno, ha contribuito allo sviluppo del programma della Mostra internazionale dell'edilizia del 1987, a sostegno di un'architettura innovativa, che promuove la ricerca e lo studio di nuove forme. Con il suo carattere brutalista, dovuto all'impiego di cemento a vista, è uno dei progetti più significativi nell'opera di John Hejduk.

Casa delle culture del mondo

▶ 1993-1997

DEBIS-HAUS
Renzo Piano Building Workshop
Potsdamer Platz

Il progetto, commissionato dalla società Debis del gruppo Daimler-Benz, è il primo intervento realizzato all'interno del piano di riqualificazione dell'area di Potsdamer Platz. Renzo Piano progetta due edifici, una torre di 22 piani e un secondo volume più basso, donando leggerezza e dinamicità ai corpi più elevati.

▶ 1998

LUDWIG-ERHARD-HAUS
Nicholas Grimshaw
Fasanenstraße 85

Il complesso è la sede della Borsa di Berlino e si caratterizza per la particolare struttura composta da 15 archi ellittici in acciaio, la cui forma riprende le sembianze della corazza di un animale: per questo motivo l'edificio è stato soprannominato dai berlinesi l'Armadillo. L'involucro è stato studiato come una pelle in grado di mantenere differenti condizioni ambientali tra interno ed esterno e per rendere permeabili alla luce gli spazi interni.

▶ 1991-1999

GSW HEADQUARTERS
Sauerbruch Hutton
Charlottenstraße 4

Il progetto nasce a partire da un concorso indetto nel 1991 per la riqualificazione dell'area centrale della ex Berlino Est. Commissionata dalla società GSW, la realizzazione ha permesso di riconvertire i vecchi edifici e di costruirne di nuovi che presentano forme diverse fra di loro: i due blocchi stretti e lunghi collegano i due volumi principali, uno di forma ellittica e la torre per uffici che è l'edificio più caratteristico e presenta prospetti differenti con pannelli colorati.

▶ 1992-1999

CREMATORIO BAUMSCHULENWEG

Shultes Frank Architekten
Kiefholzstraße 221

L'edificio, con funzione di crematorio e luogo per la commemorazione, sorge sull'area del preesistente crematorio della DDR ed è progettato per essere un luogo dal carattere sacro e austero, adatto ad accogliere i famigliari dei defunti. Lo spazio principale, collocato al centro dell'intervento, è caratterizzato dalla presenza di alte colonne in cemento armato, disposte secondo una scansione irregolare, che ricevono luce naturale da aperture operate nella copertura, ricreando un'atmosfera che richiama quella di un cielo stellato.

▶ 1997-2002

PAUL-LÖBE-HAUS

Stephan Braunfels
Konrad-Adenauer-Straße 1

L'edificio, situato nei pressi della Cancelleria, contiene più di 900 uffici per i deputati parlamentari e si articola secondo uno schema a pettine in cui lo spazio dei cortili assume un ruolo di rilievo. L'ingresso principale presenta quattro pilotis, a sostenere un portico fortemente aggettante. Il vetro è l'elemento predominante nella facciata e viene utilizzato anche per la copertura della sala principale.

▶ 1997-2003

AMBASCIATA DEI PAESI BASSI
OMA
Klosterstraße 50

L'edificio affaccia sul fiume Sprea, che attraversa il centro storico di Berlino. Il progetto è stato realizzato a partire da una forma semplice, un cubo svuotato e attraversato da una sequenza di spazi disposti secondo un percorso ascendente che si articola come continuazione dello spazio aperto di accesso. Si configura così come un elemento dinamico, con parti in aggetto e superfici vetrate. Rem Koolhaas si relaziona alla tradizione tipologica del blocco berlinese reinterpretandola in modo contemporaneo, separandolo in due sezioni diverse collegate tra loro da passaggi aerei.

▶ 2003-2006

MUSEO DI STORIA TEDESCA
Ieoh Ming Pei
Unter den Linden 2

Il Museo di storia tedesca ed europea si trova nel palazzo dell'ex arsenale su Unter den Linden e si estende nella sala espositiva contigua progettata dall'architetto Ieoh Ming Pei. L'ampliamento di Pei è caratterizzato da una facciata vetrata che sembra torcersi in corrispondenza della scala di accesso e ospita in una struttura in vetro, acciaio e cemento di 2700 metri quadrati le mostre temporanee. All'interno lo spazio si articola attraverso passerelle e rampe di scale che si incrociano tra loro in una ampia sala delimitata da pareti in vetro.

Museo di storia tedesca

Accademia delle Arti

ACCADEMIA DELLE ARTI
Behnisch + Partner
Pariser Platz 4

Il progetto è stato realizzato come ampliamento della sede della Accademia delle Arti, istituzione fondata nel 1696. La sfida che gli architetti hanno affrontato è stata quella di coniugare un nuovo linguaggio architettonico con quello della preesistenza storica, dove della struttura dell'edificio originale rimane solo il salone delle esposizioni. L'edificio si caratterizza per l'imponente involucro in vetro che si integra con il sito in prossimità della Porta di Brandeburgo e ospita conferenze e installazioni temporanee, oltre a concerti, letture e performance artistiche di vario tipo.

▶ 2010

HOTEL NHOW BERLIN
Tchoban Voss Architekten
Stralauer Allee 3

L'edificio di undici piani si affaccia direttamente sulla Sprea ed è ben visibile dalla sponda opposta, dalla quale si possono osservare i diversi volumi in cui si articola il progetto e vedere nell'insieme le aperture che ne disegnano la facciata. Sulla sommità è posto un parallelepipedo in vetro e acciaio, a sbalzo verso il fiume, che proietta sulla superficie riflettente dell'intradosso le altre facciate dell'edificio.

Hotel nhow Berlin

Isola dei musei

▶ 2006-2011

COLLEGIUM HUNGARICUM

Peter Schweger

Dorotheenstraße 12

Con il progetto per l'Istituto di cultura ungherese, Schweger vuole instaurare una relazione tra passato e presente, unendo la cultura e la storia di Ungheria e Germania tramite l'architettura. Il complesso è costituito da edifici residenziali e dall'Istituto di cultura che si presenta con un prospetto caratterizzato da grandi aperture vetrate e ospita al suo interno un'ampia sala da ballo e una sala multifunzionale.

▶ 1999-2015

ISOLA DEI MUSEI

Parte settentrionale dell'isola della Sprea

Il nome Isola dei musei deriva dalla concentrazione di cinque istituti nella parte settentrionale dell'isola della Sprea, una preminenza riconosciuta dall'UNESCO Patrimonio dell'umanità nel 1999. Il progetto del complesso, che nasce dagli ideali filosofici illuministi, comprende: il Museo di Pergamo, il Museo Bode, la Antica Galleria Nazionale, l'Altes Museum progettato da Karl Friedrich Schinkel in forme classiciste e il Neues Museum ricostruito da David Chipperfield.

GLI STUDI DI ARCHITETTURA

Arquitecto Álvaro Siza Vieira
www.sizavieira.pt

Ateliers Jean Nouvel
www.jeannouvel.com

Behnisch Architekten
www.behnisch.com

David Chipperfield Architects
www.davidchipperfield.com

Diener & Diener Architekten
www.dienerdiener.ch

Eisenman Architects
www.eisenmanarchitects.com

Foster + Partners
www.fosterandpartners.com

Gehry Partners
www.foga.com

gmp Architekten von Gerkan, Marg und Partner
www.gmp-architekten.de

Graft Architects
www.graftlab.com

Grimshaw Architects
www.grimshaw.global

Max Dudler
www.maxdudler.com

Moneo Brock
www.moneobrock.com

OMA
www.oma.eu

Pei Cobb Freed & Partners
www.pcf-p.com

Renzo Piano Building Workshop
www.rpbw.com

Saa Schweger Architekten
www.schweger-architects.com

Sauerbruch Hutton
www.sauerbruchhutton.de

Schultes Frank Architekten | Axel Schultes, Charlotte Frank, Christoph Witt
www.schultesfrankarchitekten.de

SPEECH Architecture Office
www.speech.su

Stephan Braunfels Architekten
www.braunfels-architekten.de

Studio Libeskind
www.libeskind.com

Tchoban Voss Architekten
www.tchobanvoss.de

REFERENZE FOTOGRAFICHE

Progettazione: Studio Dispari – Milano, Alessandra Coppa, Anna Mainoli
Art direction e realizzazione editoriale: Studio Dispari – Milano
Curatela di collana: Alessandra Coppa (testi), Anna Mainoli (relazioni con gli studi di progettazione e photo editing)
Per la supervisione dei testi si ringrazia Elena Fontanella - Politecnico di Milano

Per le schede di progetto si ringraziano gli studenti del Politecnico Fabio Desogus, Claudia Gardinetti Salazar, Simone Barbieri, Marco Roveri, Lavinia Garatti, Gabriele Agus (focus), Carmen Belardo (ricerca iconografica)

Finito di stampare nel mese di giugno 2018
per conto di RCS MediaGroup S.p.A.
da Errestampa S.r.l., via Portico 27, Orio al Serio (BG)

Printed in Italy